BEI GRIN MACHT SICH IHR WISSEN BEZAHLT

Mathias Purr

Postindustrielle Gesellschaft und Disziplinargesellschaft

GRIN Verlag

Bibliografische Information der Deutschen Nationalbibliothek:

Die Deutsche Bibliothek verzeichnet diese Publikation in der Deutschen National-
bibliografie; detaillierte bibliografische Daten sind im Internet über http://dnb.d-
nb.de/ abrufbar.

Impressum:

Copyright © 2005 GRIN Verlag GmbH
Druck und Bindung: Books on Demand GmbH, Norderstedt Germany
ISBN: 978-3-638-93871-6

Dieses Buch bei GRIN:

http://www.grin.com/de/e-book/91014/postindustrielle-gesellschaft-und-disziplinar-
gesellschaft

GRIN - Your knowledge has value

Der GRIN Verlag publiziert seit 1998 wissenschaftliche Arbeiten von Studenten, Hochschullehrern und anderen Akademikern als eBook und gedrucktes Buch. Die Verlagswebsite www.grin.com ist die ideale Plattform zur Veröffentlichung von Hausarbeiten, Abschlussarbeiten, wissenschaftlichen Aufsätzen, Dissertationen und Fachbüchern.

Besuchen Sie uns im Internet:

http://www.grin.com/

http://www.facebook.com/grincom

http://www.twitter.com/grin_com

Universität Koblenz-Landau

Campus Landau

Institut für Soziologie

Seminar „Soziologische Gegenwartsdiagnosen"

Ausarbeitung zum Thema:

Postindustrielle Gesellschaft und Disziplinargesellschaft

vorgelegt von:

Mathias Purr

Studiengang: Diplom-Sozialwissenschaften

Wintersemester 2004/2005

Abgabetermin: 18.02.2005

Inhaltsverzeichnis

1 Einleitung

Im Rahmen des Seminars „Soziologische Gegenwartsdiagnosen" wurden im Wintersemester 2004/2005 verschiedene zeitdiagnostische Konzepte behandelt. Hauptsächlich ging es dabei darum, einen Überblick über unterschiedliche Charakterisierungsmöglichkeiten der heutigen Gesellschaft zu geben und relevante theoretische Entwürfe vorzustellen.

Ein Themenblock dieses Seminars war „Postindustrielle Gesellschaft und Disziplinargesellschaft". Dieses Thema wird in der vorliegenden Ausarbeitung bearbeitet. Da es aus zwei Teiltheorien besteht, ist auch die Ausarbeitung zweigeteilt.

Im ersten Teil wird das zeitdiagnostische Konzept der postindustriellen Gesellschaft näher beleuchtet. Zunächst werden dazu die Merkmale einer industriellen Gesellschaft beschrieben, um danach auf die zwei wichtigsten Entwürfe zur postindustriellen Gesellschaft, die von Daniel Bell und Alain Touraine, einzugehen. Eine kritische Würdigung und ein kurzes Fazit schließen den ersten Teil ab.

Analog zum ersten Teil ist der zweite aufgebaut, der sich der Disziplinargesellschaft widmet. Nach einem Abschnitt über die verschiedenen Bedeutung der Disziplin werden die beiden Konzeptionen von Max Weber und Michel Foucault umrissen. Auch diesem zweiten Teil ist ein kurzes Fazit angeschlossen.

Als Basisliteratur dienen zwei Sekundärtexte aus dem Sammelband „Soziologische Gesellschaftsbegriffe" von Kneer/Nassehi/Schroer (2000). Auf eine wissenschaftliche Zitierweise wird insoweit verzichtet, als dass indirekte Zitate nicht explizit markiert sind. Wörtliche Zitate sind dennoch als solche gekennzeichnet und mit Quellenangaben versehen.

2 Postindustrielle Gesellschaft

2.1 Merkmale einer industriellen Gesellschaft

Um sich mit dem Begriff „postindustrielle Gesellschaft" adäquat auseinandersetzen zu können, ist es zunächst nötig, den Begriff „industrielle Gesellschaft" hinreichend zu definieren. Immerfall (1998: 254) versteht unter Industriegesellschaften Gesellschaftsformen, „...deren Subsistenzmittel durch Industrieproduktion erwirtschaftet wird und die durch die industrielle Produktionsweise grundlegend geprägt sind." Mit anderen Worten geht es um die Verarbeitung von Waren und die Herstellung von Gütern. Der sekundäre Sektor dominiert. Weitere ausgewählte Merkmale einer industriellen Gesellschaft sind:

- Indienstnahme der unbelebten Natur

- Steigerung der Produktivität von Arbeit und Kapital

- Dominanz unselbständiger Erwerbstätigkeit

- Standardisierter Lebenslauf.

„Indienstnahme der unbelebten Natur" bedeutet, dass statt auf menschliche oder tierische Arbeitskraft in immer höherem Maße auf Maschinen zurückgegriffen wird, um gewünschte Arbeitsergebnisse zu erzielen. Aus dieser Maschinisierung und Automatisierung sowie der zunehmenden Arbeitsteilung resultiert eine Produktivitätssteigerung von Kapital und Arbeit und daraus folgend ein sozialer Wandel. In industriellen Gesellschaften gibt es außerdem eine hohe Anzahl abhängig Beschäftigter. Weiterhin sind für eine typische Biographie in der Industriegesellschaft vier Lebensphasen typisch: Kindheit, Jugend, Erwachsensein und Alter, wobei die letztgenannte Phase aufgrund steigender Lebenserwartung immer länger wird.

2.2 Entstehung des Begriffs „Postindustrielle Gesellschaft"

Ausgehend von der Industriegesellschaft lassen sich nun die Konzepte der postindustriellen Gesellschaft näher betrachten. Explizite Definitionen sind in der Literatur nur mittelbar zu finden, vielmehr werden anstelle dessen die unterschiedlichen Konzepte und deren Entwickler beschrieben.

Zum ersten Mal wurde der Begriff der postindustriellen Gesellschaft im Jahre 1917 von Arthur J. Penty verwendet, der in seinen Publikationen Kritik am hohen Grad der Arbeitsteiligkeit, der Mechanisierung und der Standardisierung in der amerikanischen Industrie übte. Daher, so Penty, könne der Arbeiter keine Kreativität entwickeln und entfremde sich von seinem Arbeitsprodukt. Im Gegensatz zum hochtechnisierten kollektivistischen Untertanenstaat hatte Penty die Vision eines postindustriellen Staates mit dezentralisierter Produktion in kleinen Handwerksbetrieben. Dies sollte eine „Veredelung der Arbeit" bewirken.

Weitere Konzepte einer postindustriellen Gesellschaft wurden unter anderem von Jean Fourastié (1949), David Riesman (1958), Herman Kahn und Anthony Wiener (1967), Alain Touraine (1969) sowie Daniel Bell (1973) entwickelt, jeweils mit unterschiedlichen Fokussen. So betont Fourastié die sektorale Entwicklung einer Volkswirtschaft vom primären über den sekundären zum tertiären Sektor, was bedeutet, dass die Industriegesellschaft nur eine Übergangsperiode auf dem Weg zur friedlichen Überwindung des Kapitalismus und somit zur postindustriellen Dienstleistungsgesellschaft darstellt. Riesman sieht im postindustriellen Staat eine Freizeit- und Überflussgesellschaft und betrachtet die daraus erwachsenden sozialen Probleme der kollektiven Freizeitgestaltung. Kahn und Wiener entwerfen das Szenario einer „Nachmangel-Gesellschaft", deren Kennzeichen Überfluss, Massenkonsum und die Ablösung der menschlichen Arbeitskraft durch Maschinen sind.

Die beiden aktuellsten Konzepte zur postindustriellen Gesellschaft stammen von Touraine und Bell. Touraine fokussiert eine Wissens- und Informationsgesellschaft und hat die düstere Vision einer „programmierten Gesellschaft" mit wissensbedingten Klassengegensätzen sowie Entfremdung, Verführung, Manipulation und Unterdrückung. Auch Bell sieht im Wissen das zentrale Element der postindustriellen Gesellschaft, insbesondere im theoretischen Wissen. Im Gegensatz zu Touraine glaubt er aber, dass auftretende politische Spannungen (keine Klassengegensätze) mithilfe einer intelligenten Führung prinzipiell lösbar sind, zeichnet also ein deutlich optimistischeres Bild der Zukunft.

2.3 Konzepte zur postindustriellen Gesellschaft

Aufgrund der kontroversen Reaktionen, die die beiden letztgenannten Konzepte hervorriefen und hervorrufen, werden sie nun in den folgenden beiden Abschnitten vertieft. Chronologisch wäre es korrekt, zuerst das Touraine'sche Konzept vorzustellen. Bedingt durch die Strukturierung der dieser Ausarbeitung zugrunde liegenden Literatur wird jedoch zuerst das Bell'sche Konzept behandelt.

2.3.1 Das amerikanische Konzept von Daniel Bell

Bell unterscheidet fünf Dimensionen beziehungsweise Komponenten einer postindustriellen Gesellschaft:

- Wirtschaft
- Berufsstruktur
- Axiales Prinzip
- Zukunftsorientierung
- Entscheidungsbildung.

Ähnlich wie Fourastié sieht Bell in der postindustriellen Gesellschaft keine Warenwirtschaft mehr, sondern eine Dienstleistungsgesellschaft. Dabei wird der Terminus „Dienstleistungsberuf" relativ weit definiert, da alle Formen der Angestelltenarbeit mit einbezogen werden.[1] Dieser Wandel zur Dienstleistungsgesellschaft hat einen grundlegenden Transformationsprozess des gesellschaftlichen und ökonomischen Systems mit zunehmendem Wohlstand und Wachstum in den verschiedensten Bereichen zur Folge. Die Beschäftigtenzahl im tertiären Sektor nimmt zu, die Information wird immer wichtiger und löst die Muskelkraft und die Energie ab. Dadurch bedingt verändert sich auch

---

[1] Auf die weite Definition des Begriffs „Dienstleistungsberuf" wird im Kapitel 2.5 „Kritische Würdigung der beiden Konzepte" detaillierter eingegangen.

die Berufsstruktur grundlegend. Es werden immer besser ausgebildete und höher quali-fizierte Erwerbstätige gebraucht. Schlüsselfigur der postindustriellen Gesellschaft ist, aufgrund seiner Fähigkeiten, der Akademiker.

Während das axiale Prinzip der industriellen Gesellschaft das des optimalen Einsatzes knapper Güter war, ist das axiale Prinzip der postindustriellen Gesellschaft das der Zentralität des kodifizierten theoretischen Wissens als strategisches Hilfsmittel. Bell begründet diese Annahme in zweierlei Hinsicht: Erstens ist Fortschritt von vorausge-hender theoretischer Arbeit abhängig. Ohne theoretisches Wissen ist diese Arbeit nicht durchführbar und somit auch kein Fortschritt erreichbar. Zweitens ist es nötig, Wandel und Neuerung unter soziale Kontrolle zu bringen. Auch dazu bedarf es Planungen und Prognosen, für die theoretisches Wissen ebenfalls Voraussetzung ist.

Mit „Zukunftsorientierung" meint Bell eine optimistische Sichtweise in die Zukunft. Für ihn ist die Zukunft plan-, steuer- und gestaltbar. Dazu bedient sich die Gesellschaft moderner intellektueller Technologien als zentrale Steuerungs- und Entscheidungsin-strumente, also zum Beispiel Computersystemen oder Analyse- oder Bewertungsmethoden. Mit deren Hilfe ist es, so Bell, nun möglich, der „organisierten Komplexität" (Eickelpasch/Rademacher 2000: 212) Herr zu werden, dadurch „die Mas-sengesellschaft zu ordnen" (Bell 1975: 46) und so die moderne Gesellschaft von Grund auf zu revolutionieren.

Neben den fünf oben genannten Dimensionen führt Bell in seinem Entwurf der postin-dustriellen Gesellschaft ein weiteres Merkmal an: Das der immer deutlicher werdenden Trennung zwischen Sozialstruktur (Wirtschaft, Technologie und Berufssystem) und Kultur (symbolischer Ausdruck von Sinngehalten). Einerseits werden, vor allem im Beruf, Rationalität und Effizienz in steigendem Ausmaß verlangt, andererseits fördern Massenproduktion und Massenkonsum diametral dazu hedonistische Motive. Während die fünf Dimensionen ein sehr optimistisches Bild der postindustriellen Zukunft skizzie-ren, widerspricht das letztgenannte Merkmal Bells bisherigem technokratischen Planungsoptimismus.

2.3.2 Das kontinentaleuropäische Konzept von Alain Touraine

Das deutlich pessimistischere Touraine'sche Konzept, das vor dem Hintergrund der französischen 1968er Studentenbewegungen entstand, konzentriert sich auf kulturelle Konflikte, die Dynamik sozialer Bewegungen und auf ihren Kampf um die politische Macht. Es enthält einige Gemeinsamkeiten zum Bell'schen Konzept:

- Bedeutung von Wissen und Information
- Bedeutung von Computersystemen
- Ablösung der Fabrik als Schlüsselinstitution.

Auch Touraine betont als Voraussetzung für Innovation in der postindustriellen Gesellschaft das Vorhandensein von Wissen und Information. Computersysteme machen für ihn die Lenkung des technischen Fortschritts sowohl möglich als auch nötig. Anstelle der Güter erzeugenden Fabrik tritt die Wissen erzeugende Schlüsselinstitution Universität.

Unterschiede werden vor allem in folgenden drei prognostizierten Entwicklungen deutlich:

- Programmierte Gesellschaft
- Entstehung neuer Klassen
- Kulturelle Revolte.

Der durch Planungsrationalität bedingten weitgehend pazifistischen Wissensgesellschaft von Bell steht bei Touraine eine ambivalente programmierte Gesellschaft gegenüber, aus der neue gesellschaftliche Konflikte, neue Herrschaftsformen und neue politische Machtkämpfe hervorgehen. Die reine Kapitalakkumulation verliert an Bedeutung, vielmehr bestimmen rationale Organisation sowie die technische und menschliche Ausrüstung die wirtschaftliche Entwicklung. Mit anderen Worten: Rein ökonomische Entscheidungen und Kämpfe treten in den Hintergrund.

Aus der eben genannten ersten Entwicklung folgt die zweite: Durch die Konzentration von Entscheidungsgewalt und Wissen wandelt sich die Herrschaftsform vom wirtschaftlichen Verhältnis der Ausbeutung zum gesellschaftlichen Verhältnis der Entfremdung und der technokratischen Kontrolle. Während die Industriegesellschaft durch den Klassenkonflikt „Eigentum an Produktionsmitteln" bestimmt war, definiert sich die herrschende Klasse des Postindustrialismus über ihre Bildung. Der neue Klassenkonflikt ist somit der des Bildungsniveaus. Es geht nicht mehr um Verteilung, sondern um Unterordnung unter technokratische Entscheidungen.

Die Arbeiterbewegungen des Industrialismus hatten, so Touraine, primär ökonomische Hintergründe, also physisches Elend. Die Proteste des Postindustrialismus hingegen sind Symbol einer kulturellen Revolte, also einer Abwehrreaktion gegen entfremdende Übergriffe der Technobürokratie, gegen gelenkte soziale Integration und Manipulation. Daher finden diese Proteste auch vornehmlich an Universitäten statt. An diesem Punkt zeigen sich die größten Differenzen zwischen Bell und Touraine. Bell sieht in den Revolten eine subversive, (post-)modernistische Feindkultur gegen alles Normative verbunden mit schrankenlosem Subjektivismus und Größenwahn. Touraine hingegen macht die interne Dynamik und die Ambivalenz der Wissensgesellschaft selbst, nicht eine subversive Feindkultur für die Proteste verantwortlich.

2.3.3 Kritische Würdigung der beiden Konzepte

Da eine umfangreiche kritische Würdigung der beiden Konzepte den Rahmen dieser Ausarbeitung sprengen würde, beschränkt sie sich auf drei wesentliche Punkte:

- Kritik an beiden Konzepten
- Kritik an der Beobachtung über die Entwicklung des Dienstleistungssektors (Bell)
- Kritik an der Zentralprämisse beider Konzepte.

Die wesentliche Kritik an beiden Konzepten entzündet sich an zwei Sachverhalten. Erstens wird kritisiert, dass es zwar durchaus die von Bell und Touraine charakterisierten Trends gebe. Jedoch stellten sie weder zwangsläufig einen Bruch der Gesellschaftsordnung dar noch rechtfertigten sie neue Begrifflichkeiten. Vielmehr könnten diese Veränderungen ebenso Ausdruck einer Weiterentwicklung bereits seit längerem vorhandener gesamtgesellschaftlicher Prozesse sein. Zweitens werden die Feststellungen zur sozialen Ungleichheit kritisiert. Nach der Ansicht der Kritiker kommt es nicht zur Änderung der Klassengegensätze, sondern zur Fortsetzung der bestehenden Verhältnis-

7

se sozialer Ungleichheit. Begründet wird dies damit, dass Eigentum bzw. Reichtum wesentliche Zugangsvoraussetzungen zu höheren Bildungsinstitutionen seien (Beispiele: Oxford oder Harvard). Dadurch seien Wissensunterschiede letztlich doch ökonomisch begründet.

An Bells Beobachtungen über die Entwicklung des Dienstleistungssektors werden ebenfalls zwei Punkten kritisiert. Zum einen handele es sich nicht um einen grundlegenden Transformationsprozess von einer Waren- zu einer Dienstleistungsgesellschaft, eher um eine Verschiebung innerhalb des ursprünglichen Formationsprozesses der industriellen Gesellschaft. Zum anderen sei Bells Definition von Dienstleistung zu global. Kritiker sehen darin eine Art „Black Box", die Widersprüche und Ungleichheitsmuster verschleiere, wodurch wesentliche Zusammenhänge und interessante Fragen unerklärt blieben.

Die Zentralprämisse beider Konzepte lautet: „Die Realität wird von extensiver Rationalisierung und Planung bestimmt sein. Planung und Kontrolle werden von staatlichen Organen aufgeführt." Diese Annahme, Macht konzentriere sich infolge von Wissen (sozusagen „Herrschaft kraft Wissen"), ist nach Ansicht der Kritiker nichts Weiteres als die Reproduktion Weber'scher Ausführungen zur Rationalisierung in modernen Gesellschaften. Außerdem sei das politische System nichts weiter als ein Teilsystem der modernen Gesellschaft, was die Effekte staatlichen Handelns noch ungewisser werden lasse.

2.4 Fazit zur postindustriellen Gesellschaft

Als kurzes Zwischenfazit zur postindustriellen Gesellschaft lässt sich sagen, dass sich bisher weder die Hoffnungen noch die Befürchtungen der Postindustrialismus-Theorien bewahrheitet haben. Es gibt durchaus signifikante Veränderungen im Charakter der modernen Industriegesellschaft. Um aber von einem Übergang von einer industriellen zu einer postindustriellen Gesellschaft zu sprechen, gibt es nicht genügend Indizien. Anders ausgedrückt, es kann davon ausgegangen werden, „…daß diese Veränderungen mit der Annahme, daß der ,Industrialismus' vom ,Post-Industrialismus' verdrängt wird, nicht befriedigend interpretiert werden können (Giddens 1979: 328f.)."

3 Disziplinargesellschaft

3.1 Zur Bedeutung der Disziplin

Nachfolgend werden drei Bedeutungen der Disziplin näher erläutert:

- Begriffliche Bedeutung

- Historische Bedeutung

- Soziologische Bedeutung.

Zur begrifflichen Bedeutung hat Hillebrandt (2000: 102) folgende Definition der Disziplin abgegeben: „Disziplin (lat. Disciplina=Schule, Unterweisung, Zucht, Ordnung) meint allgemein ein auf Ordnung bedachtes Verhalten, das sich durch Unterordnung oder *bewußte* Einordnung auszeichnet." Wird die Unterordnung von außen oktroyiert, wird von „äußerer Zucht" gesprochen, von freiwilliger „Selbstzucht" ist dann die Rede, wenn sie von innen heraus kommt. Im Wesentlichen hat die Disziplin zwei Zwecke: Erstens soll sie durch Unterwerfung soziale Ordnung sichern, zweitens die Effizienz individuellen Handelns erhöhen, indem sie den Drang bekämpft, von Regeln abzuweichen.

Historisch hat die Disziplin im späten Mittelalter Bedeutung erlangt. Zu diesem Zeitpunkt kommt es schrittweise zu einer Auflösung der kirchlichen Ordnungsfunktionen und dadurch zu einer Ausweitung der Normproduktion der nichtreligiösen Instanzen. Fragen von Zucht und Sitte gehen von der Kirche zunehmend auf weltliche Gewalten über, der Staat entwickelt sich zum Disziplinierungsinstrument.[1] Zu Zeiten der Aufklärung etabliert sich die Disziplin in neuer Weise. Zwar „erfindet" die Aufklärung die individuelle Freiheit und den Schutz der Freiheit; um dieses sicherzustellen, benutzt sie jedoch die Disziplin. Hier dient also der Zwang als Mittel zur Aufrechterhaltung der Gesellschaft. Mit der Industrialisierung weitet sich die Disziplin auf durch Maschineneinsatz auf den Produktionsbereich aus. Dabei müssen die Arbeiter nicht einmal von außen diszipliniert werden. Fließbänder, Stechuhren et cetera zwingen zur Selbstdisziplin, indem sie die Zeitabläufe vorgeben.

---

[1] Vergleiche hierzu auch die von Hobbes 1651 postulierte Leviathan-These (Hobbes 1970).

Soziologisch betrachtet besteht die Disziplin aus zwei Komponenten, einer Ordnungsstruktur und einem Zwangsmechanismus. Die Ordnungsstruktur dient der Sicherung der sozialen Ordnung, der Zwangsmechanismus destruiert die individuelle Freiheit des Einzelnen, um gegebene Herrschaftsverhältnisse zu stabilisieren. Letztlich führt Disziplin zur Vermassung der Menschen. Offenbar gibt es dabei einen Zusammenhang zwischen der Zunahme der Komplexität einer Gesellschaft und der Zunahme der Disziplin. Norbert Elias hat sich in seiner Zivilisationstheorie mit diesem Zusammenhang beschäftigt. Sie ist grundlegend für das Verständnis des Disziplinargesellschafts-Konzeptes und wird daher an dieser Stelle kurz skizziert. Für Elias sind die individuelle Entwicklung eines Menschen (Psychogenese) und die Entwicklung gesellschaftlicher Institutionen (Soziogenese) untrennbar miteinander verknüpft. Sie bedingen sich gegenseitig. Der gesellschaftliche Zivilisationsprozess, so Elias, ist eng mit dem Aufkommen massenhafter Disziplinierung verbunden. Denn nur durch massenhafte Affektkontrolle (Selbstkontrolle!) ist eine weitere Soziogenese und somit ein weiterer Zivilisationsprozess möglich. Umgekehrt gilt das Gleiche. Mit anderen Worten: Je stärker eine Gesellschaft differenziert ist, desto differenzierter muss auch der Selbstkontrollmechanismus werden und desto mehr Disziplin ist vonnöten.

3.2 Konzepte zur Disziplinargesellschaft

Zur Disziplinargesellschaft gibt es zwei zentrale Konzepte:

- Das Konzept von Max Weber

- Das Konzept von Michel Foucault.

Das Weber'sche Konzept stellt sich die Disziplinargesellschaft als ein düsteres Zukunftsszenario vor, das Foucault'sche Konzept hingegen sieht die Disziplinargesellschaft als irreversible Erscheinung der Gegenwart. Auf beide Konzepte wird in den folgenden Abschnitten eingegangen.[1]

---

[1] Leider lässt sich aus den Quelltexten nicht direkt ableiten, wann die jeweiligen Konzepte postuliert wurden. Es wird nur angegeben, dass Weber seine Entwürfe vor Foucault veröffentliche, was sich aber schon aus den Lebensdaten ergibt.

3.2.1 Das Konzept von Max Weber

Weber fasst unter dem Begriff der Disziplin zwei Aspekte zusammen:

- Disziplin als Fremdzwang

- Disziplin als Selbstzwang.

Erstens versteht er darunter ein Herrschaftsprinzip, das die individuelle Freiheit einschränkt, also Fremdzwang. Zweitens erscheint ihm die Disziplin als Prinzip der Lebensführung, das in den Dienst rationaler Herrschaft gestellt wird, also Selbstzwang. Diese beiden Aspekte charakterisieren für Weber den modernen Menschen.

Disziplin funktioniert nur dann, so Webers Annahme, wenn sie internalisiert wird, jemand also „...kraft eingeübter Einstellungen für einen Befehl prompten, automatischen und schematischen Gehorsam...(Weber 1980: 28)" findet. Fremdzwang wird zum Selbstzwang. Disziplin ist in diesem Zusammenhang eine Spezifikation der Herrschaftsverhältnisse, die wiederum eine Spezifikation von Machtverhältnissen sind.

Für Weber gibt es drei Formen von Herrschaftsverhältnissen:

- Traditionale Herrschaft

- Charismatische Herrschaft

- Rationale Herrschaft.

Differenzierungskriterium der Herrschaftsformen ist die Art der Legitimation. Traditionale Herrschaft beruht auf dem Glauben an die Ordnungsmäßigkeit der Herrschaft aufgrund von Tradition. Charismatische Herrschaft legitimiert sich über den Glauben an die Ausstrahlung einer oder mehrerer Personen. Rationale Herrschaft definiert sich primär durch den Glauben an die Legalität einer gesatzten Ordnung und dem damit verbundenen Anweisungsrecht der zur Herrschaftsausübung Berechtigten. Moderne Gesellschaften zeichnen laut Weber dadurch aus, dass nicht-rationale Herrschaftsformen zugunsten rationaler verdrängt werden. Rationale Herrschaften sind somit ein Schlüsselcharakteristum moderner Gesellschaften. Webers Begründung hierfür: Nicht-rationale Herrschaftsformen genügen nicht den Rationalitätsanforderungen kapitalistischer Wirtschaftsordnungen.

Für Weber steigt mit zunehmender Rationalisierung aller Lebensbereiche auch die Gesellschaftsstruktur bildende Kraft der Disziplin, denn das Hauptaugenmerk jeglichen Handelns liegt auf der Zweckrationalität. Dadurch tritt die Tragweite individuellen Handelns in den Hintergrund und der Staat verkommt zu einer Art „Anstaltsstaat", in dem rationale Organisationen die Aufgabe haben, das gesellschaftliche Ordnungsproblem zu lösen. Selbstdisziplin setzt sich massenhaft durch, da Disziplin „...als internalisierte Unterordnung allen Handelns unter ein unpersönliches Herrschaftsprinzip verstanden werden [kann] (Hillebrandt 2000: 111)." Gleichzeitig wird der Selbstzwang mithilfe von Fremdzwang aufrecht erhalten, genauer gesagt, mithilfe von umfassenden bürokratischen und herrschaftlichen Apparaten. Es gibt für Weber also in modernen Gesellschaften einen evidenten Zusammenhang zwischen äußerer und innerer Disziplin.

Zukünftig reproduziert sich, so Webers Annahme, auf diese Weise die moderne Gesellschaft; die soziale Ordnungsleistung der staatlichen Anstalten und der asketischen Lebensführung fordert aber auch ihren Tribut: den der Ohnmacht. Der Mensch hat sich wie eine leblose Maschine zu fügen, seine individuelle Handlungsfreiheit wird bis zur Bedeutungslosigkeit beschnitten. Stattdessen integriert er sich durch bloßes Sich-Verhalten in die Disziplinargesellschaft und sichert dadurch ihre Existenz, ohne jedoch Genuss oder gar Freude zu verspüren.

3.2.2 Das Konzept von Michel Foucault

Foucault skizziert in seinen Thesen das Bild eines Metagefängnisses Gesellschaft, das sich über mannigfache Disziplinartechniken selbst ordnet. Sein Erkenntnisinteresse liegt vor allem darin, die Hervorbringung der Selbstdisziplin detailliert nachzuzeichnen. Dazu baut er eine Argumentation in drei Schritten auf:

- Definition des Machtbegriffs
- Analyse der Machtpraktiken der modernen Gesellschaft
- Konstruktion des Konzeptes der Disziplinargesellschaft.

Im ersten Schritt wird der Begriff der so genannten „differenzlosen Macht" genauer untersucht. Für Foucault stellt Macht die Schlüsselkategorie zur Reproduktion der sozialen Ordnung dar. Prämissen für das Vorhandensein von Macht sind:

- Macht ist kein Privileg von bestimmten Personen oder Gruppen.
- Es gibt keinen machtfreien Raum.
- Wissen und Macht sind genuin miteinander verschränkt.
- Macht ist nicht nur repressiv, sondern primär produktiv.

Die erste und zweite Prämisse hängen kausal miteinander zusammen (Macht ist kein Privileg von bestimmten Personen oder Gruppen, da es keinen machtfreien Raum gibt), ebenso die dritte und vierte (da die Produktion von Wissen nicht an einem Punkt anfängt, wo die Macht aufhört, ist Macht primär produktiv).[1] Definiert wird Macht als „Vielfältigkeit von Kräfteverhältnissen, die ein Gebiet bevölkern und organisieren (Foucault 1983: 113)", als „Spiel, das in unaufhörlichen Kämpfen und Auseinandersetzungen diese Kräfteverhältnisse verwandelt, verstärkt oder verkehrt (ders.: ebd.)." Diese Kräfteverhältnisse verketten sich zu Systemen – zum Beispiel zu Staatsapparaten – und stützen sich daher gegenseitig.

Im zweiten Schritt untersucht Foucault die Machtpraktiken der modernen Gesellschaft. Er sieht in der Einrichtung moderner Gefängnisse den Ursprung der Disziplinargesellschaft, da in ihnen die neuzeitlichen Techniken der Disziplin (die für Foucault die zentralen Transformationsstellen der Machtmechanismen sind) systematisch in einem eng begrenzten Raum umgesetzt werden können. Diese erzwungene Klausur, die auch in anderen gesellschaftlichen Bereichen (Internate, Fabriken, et cetera) Einzug hält, erzeugt einen Raum, der zum einen der Steigerung der Leistungsfähigkeit, zum anderen dem Erkenntnisgewinn über die Eingeschlossenen dient. Disziplinarische Mittel sind hierfür Kontrolle, Überprüfung, Überwachung und Sanktion. Durch Bestrafung von jeglichem abweichenden Verhalten wird eine feste Ordnung installiert.

---

[1] An dieser Stelle ist die Rekonstruktion der Foucault'schen Argumentation im Text von Hillebrandt (2000: 117ff.) meines Erachtens sehr dürftig, oberflächlich und teilweise unverständlich. Dieses Manko zieht sich auch durch den restlichen Text (vor allem noch bei der Erklärung des panoptischen Prinzips, S.119f.), was die Nachvollziehbarkeit des Konzeptes erheblich erschwert. Wieso beispielsweise der Machtbegriff als „differenzlos" tituliert wird, bleibt zumindest in diesem Kontext schleierhaft und kann nur erahnt werden.

Zusätzlich zu den im vorigen Abschnitt genannten Maßnahmen kommt die Etablierung des so genannten „panoptischen Prinzips." Unter einem panoptischen Prinzip wird in diesem Zusammenhang die strahlenförmige Anordnung der Gefängniszellen um den Wachtturm verstanden, wobei den Wärtern die Einsicht in die Zellen zu jeder Zeit möglich ist. Den Insassen hingegen ist nicht möglich, zu erkennen, wann und ob sie überwacht werden, denn die Fenster des Turms sind nicht einsehbar. Durch das Instrument des Panoptikums wird eine lückenlose Überwachung der Gefangenen ermöglicht. Da, wie gesagt, die Gefangen nicht wissen, wann die Kontrolle des Wachpersonals erfolgt, entsteht der Zwang, sich stets diszipliniert zu verhalten, um möglichen negativen Konsequenzen zu entgehen. Mit anderen Worten: Die von außen oktroyierte Disziplin (=Fremddisziplin) wird internalisiert und wandelt sich zur Selbstdisziplin. Aus Objekten, so Foucault, werden Subjekte.

Im dritten Schritt erfolgt die Konstruktion des Konzeptes der Disziplinargesellschaft. Für Foucault ist der Zusammenhang evident: Die Entwicklung neuer Disziplinartechniken bleibt nicht nur auf die Gefängnisse beschränkt, die Macht- Kontrollmechanismen weiten sich auf die ganze Gesellschaft aus, durchdringen sie und werden somit gesellschaftstragend. Die Gesellschaft entwickelt sich also zu einem übergroßen Panoptikum, aus dem es für das Individuum kein Entrinnen gibt außer dadurch, dass es sich selbst diszipliniert. Dabei täuscht die Disziplinstruktur vor, die individuelle Freiheit zu erhöhen, obwohl sie gerade das Gegenteil bewirkt, nämlich die persönliche Freiheit zu destruieren. Der Mensch ist „…eingeschlossen in das Räderwerk der panoptischen Maschine, das wir selbst in Gang halten – jeder ein Rädchen (Foucault 1977: 279)."

3.3 Fazit zur Disziplinargesellschaft

Bei zusammenfassender Betrachtung der beiden Konzepte von Max Weber und Michel Foucault lassen sich vor allem zwei wesentliche Aspekte hervorheben. Zum einen ist festzustellen, dass die moderne Gesellschaft ohne massenhafte Disziplinierung nicht denkbar wäre. Zum zweiten vereint die Disziplin sowohl produktive als auch destruktive Aspekte. Denn während sie dazu nützlich ist, die soziale Struktur einer Gesellschaft aufrecht zu erhalten, zerstört sie gleichzeitig über ihre Verselbständigung und ihre massenhafte, teilweise auch unbewusste, Internalisierung die individuelle Freiheit. Man kann daher wohl zu Recht von den zwei Seiten der Medaille „Disziplinargesellschaft" sprechen. Der Vorderseite mit den Errungenschaften „Wohlstand", „Pluralismus", „Demokratie" et cetera steht die Kehrseite mit den Institutionen „Schule", „Fabrik", „Anstalt", „Bürokratie" et cetera gegenüber.

4 Schlussbemerkung

Da den einzelnen Themenkomplexen schon jeweils kurze Fazite nachgestellt sind, beschränkt sich das Schlusswort auf einige allgemeine Anmerkungen.

Zweifelsohne ist festzuhalten, dass die beiden beschriebenen Konzepte in der heutigen Gesellschaft sind. Da es sich jedoch lediglich um Modelle und nicht um ein tatsächliches Abbild der Realität handelt, darf ihre alleinige Gültigkeit bezweifelt werden. Vielmehr sollte man sie im Kontext mit anderen Theorien betrachten.

Zu diskutieren wäre vor allem die Frage, ob diese Konzepte überhaupt so neu sind oder ob es sie in ähnlicher Form nicht schon in der Historie gegeben hat. Bei den beiden Postindustrialismus-Konzepten ist eine zwingende chronologische Einordnung hinter den Industrialismus noch einleuchtend. Doch bei Betrachtung der Disziplinargesellschaft stellt sich zwangsläufig die Frage, ob nicht Menschen schon von jeher zu Disziplin gezwungen waren, wenn auch nicht durch solch ein komplexes Geflecht an Überwachung und Sanktionen. Man denke beispielsweise an die Zeiten in der Geschichte, als die katholische Kirche Ketzer auf dem Scheiterhaufen verbrannte und so ihre Mitglieder zu absolutem Gehorsam zwang. Diese Fragestellungen werden vor allem in den beiden Basistexten nicht weiter behandelt, was meiner Meinung nach hätte passieren sollen.

Literaturverzeichnis

Monographien, Lexika und Sammelbände

Bell, Daniel (1975): Die nachindustrielle Gesellschaft. Frankfurt.

Eickelpasch, Rolf/Rademacher, Claudia (2000): Postindustrielle Gesellschaft. In: Kneer, Georg/Nassehi, Armin/Schroer, Markus (Hg.): Soziologische Gesellschaftsbegriffe. 2. Auflage, München, S.205-227.

Foucault, Michel (1977, französisches Original zuerst 1975): Überwachen und Strafen. Die Geburt des Gefängnisses. Frankfurt am Main.

Foucault, Michel (1983, französisches Original zuerst 1976): Sexualität und Wahrheit 1. Der Wille zum Wissen. Frankfurt am Main.

Fuchs-Heinritz, Werner (1995): Lexikon zur Soziologie. 3. Auflage, Opladen.

Giddens, Anthony (1979): Die Klassenstruktur fortgeschrittener Gesellschaften. Frankfurt.

Hillebrandt, Frank (2000): Disziplinargesellschaft. In: Kneer, Georg/Nassehi, Armin/Schroer, Markus (Hg.): Soziologische Gesellschaftsbegriffe. 2. Auflage, München, S.101-126.

Hobbes, Thomas (1970, zuerst 1651): Leviathan. Übersetzung von Jacob Peter Mayer. Stuttgart.

Immerfall, Stefan (1998): Gesellschaftsmodelle und Gesellschaftsanalyse. In: Schäfers, Bernhard/Zapf, Wolfgang (Hg.): Handwörterbuch zur Gesellschaft Deutschlands, Opladen, S.253-263.

Oesterdickhoff, Georg W. (2001): Fourastie, Jean (* 15.4.1907 St. Bénion d'Azy/Nièvre, 27.7.1990 Paris) Die große Hoffnung des zwanzigsten Jahrhunderts. In: Ders. (Hg.): Lexikon der Soziologischen Werke. Wiesbaden, S.199-200.

Weber, Max (1980, zuerst 1921): Wirtschaft und Gesellschaft. Grundriß der verstehenden Soziologie. 5. Auflage, Tübingen.

Internet-Quellen

http://www.jean-fourastie.org vom 13.11.2004

http://www.realcrime.at/foucault.html vom 13.11.2004

http://www.die-grenze.com vom 13.11.2004